教師のための携帯ブックス㉒
忙しい先生方が無理なく取り組める
授業のアイディア30

古川光弘 著

黎明書房

はじめに

　現代の教師は，日々忙しいです。とてつもなく仕事が多いのが実情です。

　学校業務の改善を意識し，超過勤務の縮減に向けて努力することが日本の教師に課せられた課題です。過労により，心身の不調をきたす教員も増えています。

　そこで，学校業務の改善を授業で行うために，本書を執筆しました。

　私はこれまで５冊の単著を執筆しました。以下の本です。

○子どもの心をどうつかむか（1997 年）

○１年生の授業・10 分間パーツ教材で集中力を高める
　　　　　　　　　　　　　　　　　　　　　　　（2003 年）

○６年生の学級経営・絶対成功する年間戦略（2006 年）

○学級づくり成功の原則　魔法のアイデア 50 選（2013 年）
　　　　　　　　　　　　　　　　　　　　　（以上，明治図書）

○『古川流』戦略的学級経営　学級ワンダーランド計画
　　　　　　　　　　　　　　　　　（2016 年，黎明書房）

　見ていただくと分かるように，私はこれまで，学級経営のネタ本はあっても，授業のネタ本を書いたことがありません。

つまり，初めて書いた授業のネタ本です。

　本書には，『忙しい先生方が無理なく取り組める授業のアイディア』が 30 個，びっしりと詰まっています。

　その名の通り，準備も少なく，すぐにでき，しかも力の付くアイディアばかりです。

　本書を，子育てや家事，看病等でゆっくりと教材開発をすることができない先生方へお贈りします。

　使ってみると，その効果が分かります。本当に簡単にでき，しかも力を付けることができます。

　騙されたと思って，ぜひお試しください。

　本書刊行にあたり，いろいろな方々にお世話になりました。

　まずは，これまでに担任した子どもたち，一人ひとりかけがえのない大切な教え子です。この子たちは，私の拙い実践を支えてくれました。

　それからサークルのメンバー。このメンバーがいなければ，今の私はありません。月に 2 回のサークルの例会は，いつも笑いに溢れ，あっという間に時間が過ぎてしまいます。

　さらに読者の皆様にもお礼の気持ちで一杯です。おびただしい数の教育書がある中で，本書をお選びいただき，本当にありがとうございました。お読みいただいてのご意見，ご批判をいただければ，なお嬉しく思います。

　最後になりましたが，本書は黎明書房の武馬久仁裕様のお

声がけがなければ，こうした形で世に出ることはありません
でした。ただただ感謝の気持ちで一杯です。心より御礼を申
し上げます。ありがとうございました。

　いろいろな方々のおかげで，本書を刊行することができま
した。まだまだ力不足の私ですが，これからも，子どもの心
をつかむ努力を続け，残りの教師人生も輝かせていきたいと
意を新たにしております。

　平成 29 年 11 月 30 日　晩秋
　　本書が日々，お忙しい先生方にとって，必ずお役に立て
　ることを願いつつ……

　　　　　　　　　　　　　　　　　　古川　光弘

もくじ

はじめに 1

第1章 「10分間パーツ教材」を活用する！ ……………… 9

❶ 忙しい先生方が無理なく取り組める授業形態
　-「10分間パーツ教材」を活用する- 全学年 10

❷ 「10分間パーツ教材」で，国語の授業を組み立てる！
　全学年 国語 13

❸ 「10分間パーツ教材」で，算数の授業を組み立てる！
　全学年 算数 16

第2章 全教科で使える「フラッシュカード」「ブラックボックス」 ……… 21

❹ 「高速フラッシュカード」で学びの勢いをつける！
　全学年 全教科 22

❺ 「ブラックボックス」を一つ用意するだけで，熱中する授業ができる！ 全学年 全教科　24

コラム　充実した教師人生を送るための五つのメッセージ　28

第3章　わくわく算数編　29

❻ 「100玉そろばん」で学習のリズムを作り上げる！
低学年 算数　30

❼ 「ながさくらべ」は"あさがお"で！
第1学年 おおきさくらべ　32

❽ 九九の定着には九九ビンゴを！
－とにかく「ビンゴ」は，楽しく力が付く！－
第2学年 九九　34

❾ 九九の理解を深める「九九パズル」
－一度作れば，何度も活用でき，しかも力が付くパズル！－
第2学年 九九　36

❿ コンパスを使おう　第3学年 円と球　41

⓫ 色々な「角」を使って　第4学年 角とその大きさ　42

⓬ 計算あそび　第4学年 式と計算の順序　44

⓭ 「3㎠」を作ろう！　第4学年 面積　45

⓮ オープンエンドの問題で，簡単に宿題を作成
全学年 計算領域　48

第4章 めきめき国語編 ………… 49

⑮ どの子も自分の考えが言えるようになる段階的指導法
 低学年 発声領域 50

⑯ 文学教材を5時間で教える 第2学年 かさこじぞう 53

⑰ 子どもたちが自信を付ける作文指導法「ロング作文」
 高学年 作文領域 60

⑱ 簡単に音読表現力を身に付けることのできる指導法
「前置き表現読み」 全学年 音読領域 62

⑲ 簡単に作文力を付けることのできる指導法
「課題語短作話」 全学年 作文領域 63

⑳ この「日記指導」で学級集団に「やる気」を引き出す！
「100日連続日記」 高学年 作文領域 65

㉑ 漢字の定着にもビンゴを！
 −とにかく「ビンゴ」は，楽しく力が付く！− 全学年 漢字 69

㉒ 漢字の空書き −待ったなし！ いきなり漢字の復習−
 全学年 漢字 71

㉓ 国語授業に「ピックアップ指導法」を導入する！
 全学年 全領域 73

㉔ ピックアップ指導法「日常型指導」 全学年 全領域 75

㉕ ピックアップ指導法「トピック型指導」 全学年 全領域 81

 コラム 学級をワンダーランドに！ 86

第5章 どきどき社会編 ……… 87

㉖ 知的クイズで社会科の学習をスタートさせよう！
－この写真，どこ？－ 第3学年 わが町・佐用町 88

㉗ 地図の学習は，地図帳と親しむことから！
第4学年 地図と親しむ 91

㉘ この学習課題で5年生の社会科をスタートさせよう！
－とびっきりおいしいシーフードカレー作り－
第5学年 社会科 産業 93

㉙ 学習課題は，絵を描かせると出てくる！
第3学年以上 全領域 96

㉚ 資料を見て，気づいた事・不思議な事を書かせる！
第3学年以上 全領域 98

第1章

「10分間パーツ 教材」を活用する！

　授業を45分で捉えるという常識を，まずは疑ってみませんか？

　学年も違い，学級の実態も違えば，当然，それに合う授業形態というものがあるはずである。

忙しい先生方が無理なく取り組める授業形態 －「10分間パーツ教材」を活用する－ 全学年

> 忙しい先生方が無理なく取り組める授業形態を紹介する。
> この方法は誰にでも簡単にできる。特に，落ち着かない学級では効果抜群である。

進め方

　これから述べることは，1年生の例をあげているが，この形態はどの学年でも有効である。忙しい先生方が無理なく取り組める上に，効果抜群である。特に落ち着かない学級に有効である。

　例えば，最近の教育課題の一つ，小1プロブレム。とにかく近ごろの低学年は一筋縄ではいかない。

1　小1に効果絶大だった「10分間パーツ教材」

　数年前の話になるが，久しぶりに1年生の担任をした。様々な個性の子どもたちがいて，45分間，とにかく席に着かせ，集中させることに苦労した。本気で学級崩壊の危機感を抱いたほどである。入学式の日は，私を含め3人がかりで学級指導を行った。

ただその心配は，最初の数週間で消えた。10分間のパーツで組み立てる授業を意識し始めたからである。

2 「10分間パーツ教材」の発想

普通に考えてみても，1年生と6年生が同じ45分授業であるというのもおかしな話で，それでは45分授業を三つぐらいのパーツに分けてはどうかというのが，「10分間パーツ教材」の発想である。

「10分間パーツ教材」を1時間の授業に効果的に配列し，一つひとつ確認しながら授業を進行することにより，子どもたちは驚くほど授業に集中するようになった。

これは，「導入」「山場」「まとめ」という従来，常識的に考えられてきた1時間の授業構成を全く覆すものであり，1時間中1問だけの問題に集中的に取り組ませる問題解決型の授業とは対極にあるものである。もちろん，1年生の授業には問題解決型はそぐわない。集中力が持続しないからである。

3 「10分間パーツ教材」の4条件

「10分間パーツ教材」には次の4条件が必要である。

①　10分前後で完結するか，または区切りをつけることのできる教材

②　シンプルかつ単純明解な教材

③　必ず全員が取り組むことができる教材

④　授業のねらいに沿う教材

　この条件を満たす教材を，45分の授業の中にねらいに迫るような形で効果的に配列する。何も難しいことはない。誰にでもできる普通の授業である。たったこれだけのことではあるが，子どもたちを引きつけ，子どもたちの集中力を飛躍的に高めることができるのである。

4　低学年・落ち着かない学級に特に効果的な 「10分間パーツ教材」

　しかし保守的な教育観では，このような発想をなかなか受け付けない。むしろ，革新的なのである。私は，この「10分間パーツ教材」が，低学年をはじめ，落ち着かない学級に授業をする時の一つのヒントになるのではないかと考えている。

　ただ最後に，「10分間パーツ教材」が全てではないということだけは付け加えておきたい。何でもそうであるが，100%有効な方法などありえない。

　次頁からは，「10分間パーツ教材」を使った国語と算数の授業を具体的に紹介する。

「10分間パーツ教材」で，国語の授業を組み立てる！

全学年 国語

前頁に引き続き，忙しい先生方が無理なく取り組める授業形態を紹介する。まずは，国語である。
その授業テクニックを体得していただきたい。

進め方

今から述べることは，2年生，国語「ふきのとう」の実践であるが，パーツ教材の内容を学年相応のものに置き換えるだけで，全学年で応用が可能である。

本時で使った「10分間パーツ教材」は，以下の七つの教材である。その七つの教材をリズムよく進めていく。

《本時で使った「10分間パーツ教材」》
① 既習漢字の復習（約5分間）
② 新出漢字の学習（約5分間）
③ 教材文の視写（約10分間）
④ 口の体操（約2分間）
⑤ 教材文の音読（約5分間）
⑥ 詩文の暗唱（約10分間）
⑦ 国語クイズ（約8分間）

① まずは，既習漢字の復習から行う。全員起立させ，本時までに学習している漢字を五つほど「空書き」させる。「イチ，ニイ，サン……」筆順を唱えながら，空中に指で書いていく。（約5分間）

② 引き続いて新出漢字の学習を行う。毎時間2〜3文字ずつ進めていく。指書き，なぞり書き，うつし書きのステップを取り入れる。（約5分間）

③ 次に，教材文（ふきのとう）の視写の学習に移る。教科書をワークシートに丁寧に写し取る学習である。視写は「集中力」「丁寧さ」など，最も基本的な国語の力を総合的に高めることに効果がある。（約10分間）

④ 視写で集中した後は，「あいうえお」の口形指導，発声指導を簡単なリズムに乗せて行う。この「口の体操」に子どもたちは大喜びで取り組む。（約2分間）

⑤ ついで，教材文（ふきのとう）の音読へ移行する。「声のメガホン」という声の大きさの指標を駆使しながら，抑揚を付けた音読に取り組ませる。（約5分間）

⑥ さらに発展学習へと移る。黒板に書いている短い詩（本時では「たんぽぽ」）を暗唱させる。1文ずつ消していきながら，何度も暗唱させる方法を用いる。

　子どもたちの意欲が1文を消すごとに高まるので，教室の雰囲気は一気に最高潮に達する！（約10分間）

⑦ 最後は，国語クイズで楽しんで学習を終える。この時間

は,「さよならさんかく」を変形させて言葉の連想クイズを行ったが,楽しい国語クイズなら何でもよい。教科書の内容に関するクイズだと,なおよい。

「もっとやりたい!」と子どもたちが乗ってきたところで授業を止めるのがコツである。授業が終わっても子どもたちの興奮はおさまらない。(約8分間)

このように「10分間パーツ教材」をねらいに沿って配置する。本時では七つの教材で45分の授業である。リズムのよさが分かると思う。

私は毎年,どの学年を担任しても,「10分間パーツ教材」で組み立てた国語の授業を第1回目の参観日に実施する。

そうすると子どもたちは集中して学習に取り組むため,それを見た保護者から,驚きの便りがたくさん届く。

子どもたちだけではなく,一気に保護者の心をつかむことができる!

「10分間パーツ教材」で,算数の授業を組み立てる！

全学年 算数

> 引き続き,忙しい先生方が無理なく取り組める授業形態を紹介する。算数である。
> その授業テクニックを体得していただきたい。

進め方

今から述べることは,2年生,算数「九九」の授業であるが,パーツ教材の内容を学年相応のものに置き換えるだけで,全学年で応用が可能である。

本時で使った「10分間パーツ教材」は,以下の六つの教材である。その六つの教材をねらいにそって配列する。

《本時で使った「10分間パーツ教材」》
① コンピュータサイトを使った九九の問題（約5分間）
② 100玉そろばん（約5分間）
③ フラッシュカード（約5分間）
④ 九九4の段の指導（約15分間）
⑤ かけ算ビンゴ（約10分間）
⑥ 九九リレー（約5分間）

① まずは，コンピュータサイトを使った九九の復習でウォーミングアップを行う。インターネットには，ゲーム感覚で学習を楽しめる数多くのサイトがアップされている。ぜひとも有効に活用したい。（約5分間）

② 引き続き「100玉そろばん」を活用する。昔からある教具であり，正しく活用をすれば，数の学習を効率よく進めることができる。10の合成，分解もリズムに合わせ，難なく習得できる。これについては，30頁で述べたので参照していただきたい。（約5分間）

③ 次に，フラッシュカードの学習に移る。習得済みの2の段，5の段，3の段の九九を全員に言わせたり，一人ずつ言わせたりする。順唱や逆唱，さらにバラバラで言わせるなど，応用範囲は広い。この②と③は脳を活性化させるために有効である。このフラッシュカードについても，22頁で述べたので参照していただきたい。（約5分間）

④ 十分に脳を活性化させた後は，本時の中心課題である4の段の学習に入る。授業は，教科書に準じたオーソドックスな展開で進める。教具としては，コンピュータとスマートボード（画面上で操作のできるスクリーン）を活用する。スマートボードで教科書の絵や図を操作することにより，かけ算の原理を視覚的に捉えさせることができる。（約15分間）

⑤ その後，かけ算ビンゴで楽しみながら定着を図る。九マ

17

スの四角の中に，4の段の答えをランダムに入れさせる。その後，バラバラにしておいた4の段のフラッシュカードを1枚ずつめくっていき，マス中の出た答えに○をつけていく。○が一列そろったらビンゴである。ただ，ビンゴが出すぎないようにするため，答えを言うのは六つまでにしておく。

　これについては，34頁で詳しく書いているので参照していただきたい。（約10分間）
⑥　最後は，九九リレーである。例えば2の段を教室の端から端まで一つずつ順に言いながらリレーしていく。そしてその時のタイムを記録する。1秒でもタイムが上がると，子どもたちは大喜びである。多少，演出を交えながら，授業を盛り上げる。この興奮の中で授業を終えるのがコツで

ある。(約5分間)

こんな感じで、本時では六つの教材で45分の授業を行った。

紙面では伝えにくいが、授業は軽快なリズムと楽しい雰囲気で進んでいく。

特別支援教育での「10分間パーツ教材」

ところで、この指導法は、今では特別支援教育の世界では当たり前になっている。

私は、これからの教育は、特別支援教育を抜きに語れないと思っている。私も以前、特別支援教室の担任をする機会に恵まれた。自閉症のある1年生の児童の担任である(以後A君と呼ぶ)。

A君はカリキュラムに沿って、交流教室の同学年の子どもたちとできる限り共有の時間を過ごすようにしていた。A君の一つの特徴である社会性の乏しさを少しでも補うためであ

る。

　そんな中，教育委員会の学校訪問が実施されることになった。これは，少々やっかいなことであった。というのも，Ａ君の特徴として，「変化を嫌う」というのがあり，多数の参観者に見られる授業というのはこれまでなかったからである。緊張状態から集中力を欠き，途中で教室から出て行ってしまうことも予想された。

　しかし，そんな危機を救ってくれたのが，「10分間パーツ教材」で構成した算数の授業である。

　当日は,「10分間パーツ教材」を中心にして数の学習を行った。一つひとつの内容については，前述した算数の授業と重なるために省略するが，これらの教材が，見事に功を奏したのである。Ａ君は参観者など見向きもせず，驚くほどに，最後まで集中して学習に取り組んだ。

　授業後の討議会で，「あの子は，本当に自閉症のあるお子さんなのですか？」というコメントをいただいたほどである。「10分間パーツ教材」の威力を改めて感じた。

　ぜひ騙されたと思って,この指導法を試していただきたい。
　なお「10分間パーツ教材」については,拙著『１年生の授業・10分間パーツ教材で集中力を高める』（明治図書）の中で,より詳しく述べているので，ご覧いただければ幸いである。

第 2 章

全教科で使える
「フラッシュカード」
「ブラックボックス」

　　　"困った時の神頼み"ではないが，この二つ
のアイテムは，いつでもどこでも活用できる。
とにかく応用範囲が広い。
　　PCにフラッシュカード用の原本を作って
おくと，作成も簡単である！

④ 「高速フラッシュカード」で学びの勢いをつける！

全学年 全教科

> 全学年，全教科で活用できる優れものをご紹介する。「フラッシュカード」である。これ一つあれば，1年間，色々な場面で活用できる。実に便利である。

進め方

例えば，1年生の入門期の算数では，次のようなフラッシュカードを使う。

（表）

10は
2と

（裏）

8

授業の開始時に，このカードを繰り返して利用する。

遅れてくる子を待つ必要はない。チャイム時に教室にいる子どもたちだけで，いきなり始める。遅れてくる子も，慌てて参加する。

繰り返し行うことにより，1年生にとって難関な「10の補数」を音として記憶することができる。

教師は，カードをできるだけ手際よくめくる練習が必要である。

　カードをめくる時のコツは，後ろから前にまわすようにすることである。カードの後ろに問題が書いてあるので，カードの内容が分かるからである。前から後ろにまわすと，カードの内容が分からない。

　フラッシュカードの作成は，設定さえしておけば，エクセルでらくらく簡単にできる。

　フラッシュカードは，算数のみならず，色々な教科で活用することができる。簡単かつ効果的である。しかも1年中，応用が可能である。

⑤ 「ブラックボックス」を一つ用意するだけで,熱中する授業ができる！ 全学年 全教科

全学年,全教科で活用できる優れものをご紹介する。「ブラックボックス」である。これ一つあれば,1年間,色々な場面で活用できる。実に便利である。

進め方

例えば,1年生の入門期の算数で次のように使う。とっても楽しく学習が進む。

今日は先生がおもしろいものをもってきました。
さて,これ（ブラックボックス）は,何だと思いますか？

・ポスト　・本立て　・物入れ　・かばん
・う〜ん,分かんないや。

実は,この箱は,何でも分からないことを,正しく教えてくれる機械です。

・えっ〜！

例えばね，このブラックボックスに「一つのりんご」を入れます。すると〜……………「1」が出てきます！

 →

・わっ〜！

　ではね，このブラックボックスに「二つのりんご」を入れます。すると……………「2」が出てきます！

・　わっ〜！

それではブラックボックスに「1年生のみんな」を入れます。すると，何が出ると思いますか？

・かわいい
・やさしい
・仲良し

では，やってみましょう！

・先生，あたり！
・この機械，すごいや！

それではブラックボックスに「古川先生」を入れます。すると，何が出ると思いますか？

・かっこいい
・やさしい
・人気もの

入学したての１年生はかわいいものです。これを６年生にしては，絶対にいけません（笑）。

　とんでもないことになります（笑）。

では，やってみましょう！

 →

・わっ〜！

　こんな風に，新入生の子どもたちには「算数っておもしろい！」と思わせる。

　ブラックボックスを使った授業の演出は，初めての学習を思い出深いものにすることができる。

　ブラックボックスは算数のみならず，色々な教科で活用することができる。簡単かつ効果的である。しかも１年中，応用が可能である。一つ手元に置いていても損はしない。ぜひとも，ご活用いただきたい。

　なお，ブラックボックスは，さくら社より販売されている藤本浩行先生考案・わくわく☆ブラックボックス研究会の「わくわく☆ブラックボックス」を使用している。

充実した教師人生を送るための五つのメッセージ

　一つ目は,「追い求める目標を持て」ということである。目標とする教師を持つことが大切である。この人!　と思ったら,とことん追い続けてみることが大切である。

　二つ目は,「同じ志を持つ仲間をつくれ」ということである。本音でものが言い合える仲間を持つということは,何事にも変えがたい価値がある。

　三つ目は,「身銭を切れ」ということである。学ぶことにお金を惜しんではいけない。お金はプロとしての自己を確立するために,自分自身へ投資するのである。

　四つ目が,「本を読め」ということである。とにかく教師は教育のプロなのである。代わりが誰でも務まるようでは駄目なのである。

　最後五つ目が,「頼まれたら断るな」ということである。頼まれるということはあてにされているということである。どんな事でも,自分のためにならない仕事はない。

第3章

わくわく算数編

　日々繰り返される算数授業。

　日々，忙しい先生方は，なかなか十分に教材研究する余裕がない。そこで，できるだけシンプルかつ力の付く授業を心がける。

　本書に紹介したような教材を有効にご活用いただきたい。

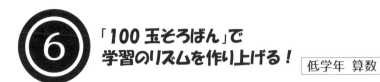

「100玉そろばん」で学習のリズムを作り上げる！

低学年 算数

低学年の算数で活用できる優れものをご紹介する。「100玉そろばん」である。これは低学年には絶対的に有効である。

進め方

100玉そろばんとは，下の図のような教具である。学校の教材室に眠っていることが多い。

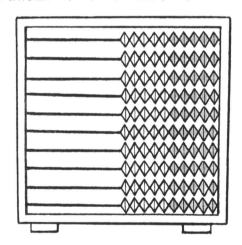

私は，授業開始時に，この100玉そろばんを利用することが多い。

順唱，2とび，5とび，10とび，10の階段，10の合成など，様々な使用法がある。

先にも書いたが，学校に眠っていることが多いが，私はマイ「100玉そろばん」をいつも持ち歩いている。

少々お高いが，ずっと自分のものとして活用できるため愛用している。

使い方は，インターネット等で紹介されているので，参考にしていただきたい。私の講座では，実演も行っている。

100玉そろばんを授業の開始時に，5分程度，毎回繰り返すだけで，「10の補数」を始め，基本的な数唱を目と耳でリズムよく唱えることができる。

非常に優れものである。

簡単かつ効果的で，しかも1年中，応用が可能である。

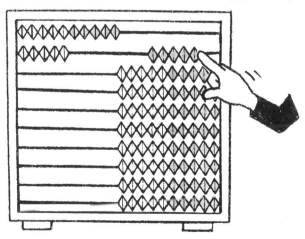

「ながさくらべ」は"あさがお"で！

第1学年 おおきさくらべ

> 1年生の算数に「おおきさくらべ」の単元がある。
> その中の「ながさくらべ」の授業を"あさがお"を使って行った。生活科で育ててきた"あさがお"を算数にも活用するのである。

進め方

まずは、種を取った後の全員分の"あさがお"を子どもたちに見せながら、つぎの発問を投げかける。

> ここに、みんなが今まで育ててきた"あさがお"を並べました。さて、誰の"あさがお"が一番長いでしょう。調べる方法を考えてごらん。

「え～，わからないよ～」と言いながらも，次のような案を考えだした。

① ほどいて並べる。
② 見た感じで，葉やくきの多そうなのが長い。
③ くきを床に立てて，背の高さで測る。

④　手の幅で比べる。
⑤　短い紙を並べて，いくつ並ぶかで比べる。

　それぞれの方法で調べていくのであるが，①の方法は最後まで残しておくことにした。
　まず②は，やってみないと分からないということでダメになった。③も軽く自分たちの背を追い越すのでダメになった。
　④と⑤の方法では，何とか順番が決まったが，最後に①の方法で，その結果が正しいかどうか確かめてみることにした。

> それでは全員の"あさがお"をこの模造紙の上に並べて貼っていきます。さて，誰のが一番長いでしょうか。
> （写真）

・□□さんは，あんまり長くないよ。
・やっぱり○○君のが長い！
・◇◇さんのは，紙の中に入らないよ〜。
・ワ〜！　△△君のが一番だった。

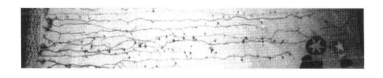

　自分たちで育ててきた"あさがお"だけに，愛着を感じながら最後まで楽しく長さくらべの学習が進んだ。

九九の定着には九九ビンゴを！
― とにかく「ビンゴ」は，楽しく力が付く！―

|第2学年 九九|

> 私は，ビンゴを教科指導によく活用する。とにかくビンゴは準備が簡単な上に，楽しく力を付けることができる。まずは，九九ビンゴを紹介するが，69頁には，漢字ビンゴも紹介している。

進め方

次頁の九マスの四角の中に，○の段の答えをランダムに入れさせる。例えば4の段ならば，下図のような感じである。

その後，バラバラにしておいた4の段のフラッシュカードを1枚ずつめくっていき，マス中の出た答えに○をつけていく。

36	20	28
32	4	12
16	24	8

○が一列そろったらビンゴである。

ビンゴはいくつ出ても構わないが，出すぎないようにするため，答えを言うのは六つまでにしておく。

これを九九の学習の最後に行う。大興奮で，授業を終えることができる。アンコール必至である！

34

第3章●わくわく算数編

九九の理解を深める「九九パズル」 −一度作れば,何度も活用でき,しかも力が付くパズル!−

第2学年 九九

> 私は,パズルもよく授業に活用する。パズルは,数がどのようにつながっているのか,その系列を体験的に再認識することができる。

進め方

1 九九指導のまとめに「九九パズル」を!

第2学年の啓林館教科書に「九九のきまり」という単元がある。第2学年における九九の学習の完結にあたって,九九の理解を深め,統一的なとらえ方を身に付けさせるという点で,たいへん意義のある単元である。

この単元では,九九表を使った次のような活動を通して,かけ算のきまりについてまとめることが大切である。

ア 九九の答えの並び方を調べさせる。
イ 乗数と被乗数を入れかえた場合の積について調べさせる。
ウ 積が同じになる九九を見つけさせる。

本稿で紹介する「九九パズル」を完成させる活動は,かけ

算のきまりについて単に気づくだけではなく，九九表を作ることによって，今まで学習してきたことがどれだけ定着しているかを評価することができる。

　それが第3学年の「九九の表とかけ算」の学習につながっていく。

2　「九九パズル」の作り方

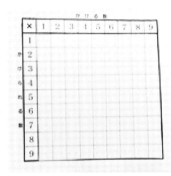 

① 　まずは，九九表の枠をグループ分作成し，それを硬い版に貼り付ける。(写真左)
② 　次に，答えのピースを作成する。(写真右)

　これを，きまりにしたがって，枠の中にうまくあてはめると，九九パズルがぴったりと埋まって完成する。

　グループの数だけ違った種類のピースを作る。

　この九九パズルを各グループに一つずつ与え，みんなで考えを出し合いながら，パズルを完成させていく。

少人数のグループなので，恥ずかしがらずに自分の考えを述べる事もでき，楽しみながら学習が進む。

3　「九九パズル」の効果

　先にも述べたが，本単元の指導にあたっては，既習の九九の理解をまとめるということをねらいとして，九九表の学習からスタートする。

　まずは，「かけられる数」と「かける数」などをしっかりと押さえていくことなどを通して，表の見方を知らせる。

　次に，今までに学習した九九のきまりを活用し，九九のパズルを完成させていく活動を取り入れる。そして，その活動から，かけ算九九の理解を深めていく。

　グループでパズルを解き合う活動を取り入れることを通して，自分の考えを伝えたり，友だちの考えを理解する場を作るのである。

　その時，グループ間で自分のパズルの解き方を説明する活動も取り入れることによって，パズルを「解き合う」だけでなく，互いに解法を説明し，「説き合う」ことになり，自分の考えを表現・説明する力も高めていくこともできる。

　つまり，「九九パズル」を使うことによって，次のような効果が期待できる。

① 九九表のおもしろさに気づき，進んできまりを見つけることができる。
② 九九表を作ったり，九九表を使って同じ答えのかけ算を見つけたりすることができる。
③ 乗法に関して成り立つ性質（乗数と積の関係・交換法則）が分かる。
④ 今までに学習した九九のきまりを活用して，自分の考えを説明することができる。
⑤ 九九表パズルを完成するという活動を通して，楽しく学習に参加することができる。
⑥ たとえ分からない場合でも，みんなと協力して学習を進めることができる。

　授業のまとめとしては，どのようなきまりを使うとパズルが完成したか，ワークシートに書かせる。そうすると，自分の考えが，さらに深まる。

4　特別支援教育の教具としても有効

　このパズルは，前述した活用法以外にも，色々と活用することができる。

　例えば，個人に対する補充教具として活用することができる。理解が十分でない児童に対しては，放課後や休み時間に，教師と一緒に取り組む。

　一人ですると，思考を邪魔されないので，集中できるという利点がある。

　さらには，特別支援教育における教具としても活用が可能である。

　自閉症のお子さんの算数の時間に，この教具を試してみたところ，下の写真のように，一生懸命取り組む姿が見られた。

　パズルを作成するのには，少々手間がかかるが，できてしまえば，何度も活用でき，しかも力が付く！

　ぜひ，一度お試しいただきたい。

コンパスを使おう

第3学年 円と球

3年生の算数に「円と球」という学習がある。初めてコンパスを使っての学習が展開される。
そこで、コンパスの習得を目指して模様づくりに挑戦させる。

進め方

コンパスを使って、色々な模様を作ってみよう。
できたものには自分で名前をつけてみよう。

子どもたちが花を表した模様を、いくつか紹介する。

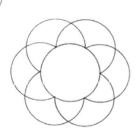

色々な「角」を使って

第4学年 角とその大きさ

4年生の算数に「角」の学習がある。
分度器の使い方に慣れさせるために次のような授業をやってみよう！ 準備は，分度器と用紙だけである。

進め方

① 5cmの直線を書き，30度の角を作り，また5cmの直線を書く作業を繰り返すと，次のような図形ができます。

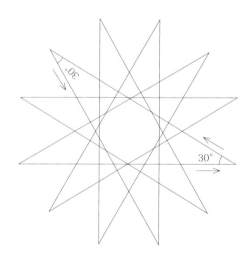

② 同じやり方で，40度や45度など色々な角度でやってみましょう。例えば，これは40度の図形です。

③ どんな角度でも図形はできるでしょうか。
どんな時にできて，どんな時にできないか考えてごらんなさい。

子どもたちは，こんな宿題が好きである。
次の日には，たくさんの図形を描いて持ってくる。
分度器の使い方を習得するためにはもってこいである。

計算あそび

第4学年 式と計算の順序

4年生の算数に「式と計算」という学習があり，計算の順序などを学ぶ。
そこで……

進め方

4という数字を四つ並べ，その間に ＋ － × ÷ ( ) の記号を入れて，答えが1から9になるような計算式を成立させる問題があるが，4に限らず，色々な数でやってみると面白い。例えば5で。さて，できるでしょうか？

5	5	5	5 = 1
5	5	5	5 = 2
5	5	5	5 = 3
5	5	5	5 = 4
5	5	5	5 = 5
5	5	5	5 = 6
5	5	5	5 = 7
5	5	5	5 = 8
5	5	5	5 = 9

「3cm²」を作ろう！

第4学年 面積

4年生の算数で「面積」の学習が始まる。まずは，1cm²を体感させるために，次のような学習を行う。
遊び感覚で，楽しみながら広さを実感することができる。

進め方

1cm²を学習後，次の発問を投げかける。

> 方眼紙を使って，3cm²の形を作るのだ。3通りできれば普通。5通りはできればプロ。8通りは達人。10通りは天才。さあ，いくつ作れるかな？

「よっしゃ！ 頑張るで。」と言って始めたものの，すぐに行きづまる子どもが出てくる。四角のマスを切るというイメージが湧かないのである。
ただ，しばらく取り組ませていると，次のようなつぶやきが出てくる。
「先生，マスを切ってもよいですか？」
そこで，次のアドバイスを与える。

45

> なにも正方形の全部を使うだけがのうじゃない。先生が黒板に書くように，正方形の一部を切って，他に移すという方法も考えられるよ。

この指示により，先の発問が『オープンエンドプロブレム』になり，全員が参加できるようになる。

子どもたちは，次のような形を考え出す。

色々な形が出てきて，とても楽しい学習になる。

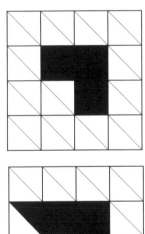

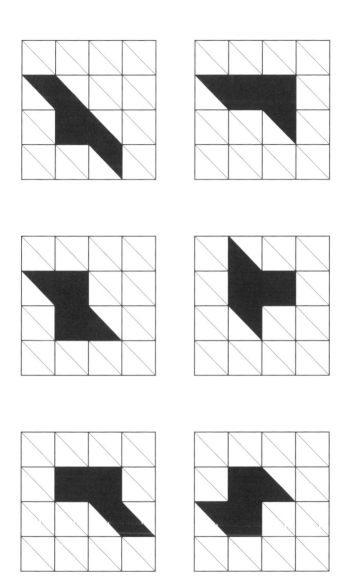

オープンエンドの問題で，簡単に宿題を作成

全学年 計算領域

忙しい先生にとっては，1枚のプリントを作るだけでも結構な負担となる。そこで，オープンエンドの問題を活用する。

進め方

1年生の問題を例に挙げる。左の問題で，①のようにすれば答えは一つだけであるが，②のようにすると，たちまち答えは10通りになる。2年生以上の筆算も，右の問題のようにするだけで，答えの数は飛躍的に広がる。

あれこれと問題を作らなくても，子どもたちは，自らたくさんの問題に取り組むことになる。

① $7 + 2 = □$ ↓ ② $□ + □ = 9$ □の中に，0から9までの数字で，あてはまる数字を入れなさい。	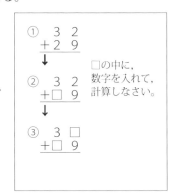

第4章

めきめき国語編

国語授業も日々繰り返される。

日々，忙しい先生方は，なかなか十分に教材研究する余裕がない。

そこで，「話す」「書く」「聞く」「読む」の4領域を集中的に鍛える。このことは，国語力を高める上で極めて有効である。

どの子も自分の考えが言えるようになる段階的指導法

低学年 発声領域

> いつも理解力・発言力のある子ばかりが活躍する授業ではなく，どの子も自分の考えが言える学級にしたい。
> そのため，人前で自分の考えを言うことが苦手な子にはとにかく発言の機会を数多く与えることが必要であると考えた。

進め方

第1段階・気が付いた事発言

これはある物を見て，それについて何でもよいから気が付いた事を順番に言っていくトレーニングである。

例えば，花を誰かが持ってきていれば，次のように投げかける。

> 今日は，○○さんが花を持ってきてくれました。
> これを見て気がつくことを何でもよいから言いましょう。
> それでは□君から。よ〜いドン。

- きれいです　・赤いです　・葉がとんがっています
- ビンに入っています　・花は二つあります　などなど

　とにかく教師は，発言について一切否定はしない。ただうなずくだけである。最後まで言ったら，「ハイ，3分10秒！」という具合にタイムを切る。

　そして，「今度やるときは3分10秒より早くなるよう頑張ろうね」と締めくくる。

　この訓練を機会あるごとに繰り返す。すると段々とタイムは早くなってくる。

第2段階・思い付き発言

　第1段階の練習をしばらく繰り返したあと，今度はある物を黒板に書いて，それについて思い付く事を何でもよいから言わせる。

　例えば，黒板に「雨」と書く。

> 雨から思い付く事を何でもよいから言いましょう。
> それでは□□君から，よ〜いドン！

- 冷たいです　・嫌です　・梅雨によく降ります
- 外で遊べません　・大きいのや小さいのがあります
  などなど

最後まで言ったら，同じように「ハイ，2分30秒！」という具合にタイムを切る。

これもしばらくの間続ける。やはり，タイムは段々と早くなってくる。

第3段階・イメージ発言

今度はあるものから，色々なことをイメージさせる練習である。例えば黒板に「お母さんは，□である」と書く。

> それでは□の中に，お母さんからイメージする言葉を入れましょう。
>
> それでは△△君から。よ～いドン。

　　・おそろしいです　・化粧が濃いです　・優しいです
　　などなど

ここまでくれば，おもしろい発想がどんどん出るようになっている。

繰り返し発言の機会を与えてきたため，発言の苦手な子も，自分の考えが言えるようになっているからである。

特別な準備はしなくても，このような指導を根気強く続けることで，どの子も自分の考えが言えるようになってくる。

16 文学教材を5時間で教える

第2学年 かさこじぞう

> とにかく忙しい先生方である。文学教材を5時間で完結するための教材研究法を紹介する。練りに練って，これだけは！ というギリギリの指導内容に絞り込む。

進め方

まずは，教科書を何度も読む。これは基本である。

そして，「かさこじぞう」で5時間の授業をするのに，教えなければならないギリギリの基礎・基本は何かを考える。

対象は2年生である。それを考えると，少なくとも次のことは押さえなければならない。

○ 新出漢字の習得
○ 難語句の意味理解
○ 登場人物の把握
○ 文章をスラスラと読む力の習得
○ じいさまの優しさの検討
○ ばあさまの優しさの検討
○ じぞうさまの行動の意味理解

第4章 ●めきめき国語編

これらの内容を5時間で指導するために，次のような授業プランを考えてみた。

1　第1時の指導

まずは，新出漢字の指導を行う。

① 指書き　②なぞり書き　③写し書き　の三つのステップで指導する。『あかねこ漢字スキル』（光村図書）の漢字習得ステップである。ここまでで10分である。

次に**音読**の指導に入る。

教材文を全員が，すらすらと読むことができるようにさせなければならない。これができないと，後の4時間が行き詰まることになる。しかし，ただ読むだけではだめである。変化のある指導を行う。

《最後まで読んでごらんなさい。》

《次は，先生の後について読みます。難しい漢字は，ゆっくりと読みます。読めない漢字は，フリガナを書きなさい。そして，読めるようになったら消しておきなさい。》

《一人ひとり順番に読みます。一丸交代です。》

《全員起立。もう大丈夫だと言えるまで，何回も何回も読みましょう。》

かなりの長文のため，ここまでで精一杯の45分である。

2　第2時の指導

　まずは，難語句の指導を行う。

　《一度読みなさい。その時，難しいなと思う言葉に赤線を引きなさい。》

　私のクラスでは，低学年用の国語辞典を持たせている。

　鍛えれば，十分に使いこなすことができる。

　《赤い線をつけた言葉を辞典で調べてごらん。調べたらノートに書きなさい。載っていなければ，先生に聞きなさい。》

　キーワードを確認しながら，30分でやめさせた。

　そして，その後15分で登場人物を検討した。

　《登場人物は誰でしょう。》

　次の意見が出された。

　・じいさま　　・ばあさま　　・じぞうさま　　・町の人

　・ちょうじゃどん

　ここで，問題になったのが，「じぞうさま」と「町の人」である。判断に迷う子が多く，対立が生じたが，時間的に余裕がなく，次の助言を行った。

　《この物語になくてはならない人物を選びなさい。

　たとえ人間でなくても人間らしいのも登場人物です。》

　この助言により，登場人物を「じいさま」「ばあさま」「じぞうさま」にしぼり込んだ。

3　第3時の指導

《全員起立，1回読んだらすわりなさい。すわったら，もう一度読んでいなさい。》

音読の後，じいさまの優しさの検討を行った。

《じいさまの優しさが表れているところを全部抜き出しなさい。》

この発問により，子どもたちは，文章の検討を行う。国語の授業であるため，あくまでも『ことば』をもとに考えさせる。

次のような意見を含め，14の考えが出された。

・もちこも　もたんで　帰れば，ばあさまは　がっかりするじゃろうのう。
・じいさまは，ぬれて　つめたい　じぞうさまの，かたやらせなやらを　なでました。
・風で　とばぬよう，しつかり　あごのところで　むすんであげました。

その後，次の発問を行った。

《この中で，じいさまの優しさが一番表れているのはどれか，一つ選びなさい。》

この発問により，じいさまのたんなる優しさではなくて，そこに秘められた奥深さについて検討を加えることができ

56

る。

　その結果，子どもたちは，次の二つの意見を支持した。

・おらので　わりいが，こらえて　くだされ。

・じいさまは，自分の　つぎはぎの　手ぬぐいを　とると，
　いちばん　しまいのじぞうさまに　かぶせました。

　この理由としては，自分のことよりも，じぞうさまのこと
を考えているということをあげる子どもたちが多かった。

4　第4時の指導

《全員起立，1回読んだらすわりなさい。すわったら，もう一度読んでいなさい。》

　第3時と同様，音読の後，ばあさまの優しさの検討を行った。

《ばあさまの優しさが表れているところを全部抜き出しなさい。》

　五か所の考えが出されたが，そのうちの一つの意見が当てはまらないということになり，次の四つの意見が取り上げられた。

①　おお，おお，じいさまかい。さぞ　つめたかったろうの。

②　いやな　顔　ひとつ　しないで

③　おお，それは　ええことを　しなすった。じぞうさ

まも，この　雪じゃ，さぞ　つめたかろうもん。

④　さあ，じいさま，いろりに　来て　当たって　くださ
れ。

その後，やはり次の発問を行った。

《この中で，ばあさまの優しさが一番表れているのはどれ
か，一つ選びなさい。》

当初，なかなか決めかねていた子どもたちであるが，最後
は，②と④のどちらかに一番表れていると論争になった。

論争の中で，かさこが一つも売れず，楽しみにしていたも
ちこもなかったのに，嫌な顔一つしないというのは，すごい！
という意見が出され，多くの子どもたちが②の意見に傾いた。

5　第5時の指導

《全員起立，1回読んだらすわりなさい。すわったら，も
う一度読んでいなさい。》

音読後，じぞうさまの行動を引き起こした要因を考えさせ
たのであるが，この場面で効果的であったのが，次の発問で
ある。

《じぞうさまは，じいさまたちに，どんなことを言いなが
ら荷物を降ろしたのでしよう。ノートに想像して書きなさ
い。》

以下に，抜粋をいくつか紹介したい。

○　ふぶきみたいなときに，じいさまが雪をおとしてくれ
　たんだなあ～
　　そして，かさこまで　かぶせてくれたなあ～
　　つららができるぐらいのさむさなのに，自分の手ぬぐ
　いをかぶせてくれたなあ～　　　　　　　　（S・Y）

○　さむいのに，かさこをかぶせてくれてありがとう。
　　おれいに，まつとお米とおもちとにんじんと，それと
　ごんぼとだいこんをもってきました。
　　いい　お正月を　むかえて　ください。　　（N・M）

この発問により，じいさま，ばあさまの優しさと，それに
応えたじぞうさまの行動について踏み込むことができた。

紙面の関係もあり，細部まで詳しくは書けなかったが，以
上が筆者の「かさこじぞう」5時間の実践報告である（教科
書は日本書籍版（岩崎京子再話）を使用）。

教師は，日々忙しい。できるだけ短時間で効果的に学習内
容を習得させたいものである。

子どもたちが自信を付ける作文指導法「ロング作文」

高学年 作文領域

修学旅行のようなビッグイベントの作文を書かせるときのユニークな実践を紹介する。

進め方

『小学校学級経営』(No26, 明治図書)という雑誌の中に,「ロング作文で自信をつける」という作文指導の報告がある（下村俊雄実践の追試を三浦文隆氏が報告している）。

簡単に言えば，修学旅行の思い出を"超"長い作文として記録させておこうというものである。率直に言うが，この実践はいい！

私は，これまでこの指導法を用いることにより，全児童が自己枚数記録を更新するという快挙を生んできている。

とにかく修学旅行の3日ほど前のワクワクした気持ちから，終わったあとの様子まで，どんなことでもよいので，詳しく記録させる。

おそらく始めは抵抗を示すはずである。しかし,『生涯破れることのない自己記録を打ち立てろ！』を合言葉に，すぐに意欲的に取り組み始める。

とにかく始めの意欲付けが大切である。これさえうまくい

けばどんどん書くようになる。

前回担任した6年生では,最高で400字詰原稿用紙78枚書き上げた。50枚以上の子も4人出現し,クラス全員では611枚を数えた。1人あたりの平均は約27枚である。この事実が子どもたちの自信を生む！

注意することは,長く書くこと以外は,字の丁寧さや漢字の使用等,ある程度は目をつむることである。とにかくどんどん書かせる。

最初の2時間ほどは国語の時間を使い,あとは放課後や家庭学習,あるいはテスト後の隙間の時間を利用して書かせていく。

特別な時間を取らなくても,子どもたちは,勝手に進めていくから不思議である。

完成後は,目次や前書き等と一緒に製本する。とてもじゃないが全体文集にはできないので,個人文集として製本する。

そして全作業終了後は,子どもたちと完成を祝いたいものである。おそらくどの子も枚数の自己記録を大幅に更新している。

書きあげた量ゆえの自信が,子どもたちに満ち溢れている。

楽しかった修学旅行とそれを記録したロング作文。子どもたちは何年たっても,この記録を大切に持っているとのことである。

18 簡単に音読表現力を身に付けることのできる指導法「前置き表現読み」 全学年 音読領域

> 何にも用意しなくても，子どもたちが，簡単に音読表現力を身に付けることのできる指導法である。

進め方

ただただ音読をさせるのではなく，読む前に，自分で決めた「めあて」をもたせながら音読をさせる。例えば，

| 僕は，かぎかっこの中を，気持ちを込めて読みます。 |

というように「前置き」してから音読を始める。こうすると，ただ何となく無意識に読んでいる時に比べ，明らかに読みに変化が見られる。読む前に，ねらいが意識づけられるからである。

音読は，国語の教科書に限らない。社会科や理科なども，どんどん音読させる。

『僕は，点や丸を意識しながら読みます』『私は，メガホン5番の声で読みます』というように，国語以外の教科でも使えばよい。

① うんどうじょういっぱい
② たいいくかんのステージで
③ クラスのみんなに（はなしあいのこえ）
④ グループのなかで
⑤ となりのひとにささやくようなこえ

簡単に作文力を付けることのできる指導法「課題語短作話」

全学年 作文領域

> 少しの準備で，子どもたちが，簡単に作文力を身に付けることのできる指導法である。

進め方

ただ無造作に文を書かせるのではなくて，キーワード的な語句や単語を「課題語」として与えておき，それを使ってテーマにそって作文していく。時には楽しく，時には真面目に取り組ませる。

この方法を用いると，内容を事前に組み立てることができ，まとまりのある文章を書くことができる。

例として，次の頁にワークシートを紹介しているので，参考にしていただきたい。

「課題語10個のうちから五つ以上使う」
「5文以上書く」
などの条件を出すこともある。

「課題語短作話」の指導では，楽しみながら書く力を鍛えることができる。

謎の宝にまつわる伝説をあばけ!

君は、謎の宝を見つけた。次のキーワードを必ず一回は使い、今からその宝にまつわる伝説をあばくのだ!

―――キーワード―――
時代　場所　宝　〜　（登場人物）が　〜　の理由で

題　□　　　名前　□

※書ききれなければ、裏に続きを書きましょう。

⑳ この「日記指導」で学級集団に「やる気」を引き出す！「100日連続日記」

高学年 作文領域

「100日連続日記」，この日記指導で，学級集団を「やる気」にさせることができる。ちょっとした工夫であるが，日記を書くことが楽しくなる指導法である。

進め方

私は，どの学年を担任しても，毎年日記を書かせている。1年生でも，毎日書かせる。

これを時々やるから，「え〜！」となるのである。もう，絶対にやらなければならないものとして位置づけてしまうと，日記に宿題がないときなど，逆に「先生，今日は日記を書かなくてもよいのですか？」などと言うようになる。

書くことは，国語のみならず，そこから派生して学習活動の全てにおいて，多大な効果を波及させることができる。それは私のこれまでの実践において自信を持って言うことができる。

さて，この日記指導にもテクニックがいるのであるが，とにかく始めの意欲付けが大切である。子どもたちには，次のような話をする。

みんなは知っていると思うけど，先生のクラスでは毎日日記を書きます。これまでのクラスでも書いています。でも，みんな喜んで書き続けました。なぜなら，100日連続日記に挑戦したからです。

　100日間，連続で日記を書くのです。一口に100日と言っても大変です。土曜日も日曜日もずっと休まず書かないといけません。でも書き続けると，どんどん書く力がついてきて，100日に近づくにつれて，少々の文を書くなんてへっちゃらになります。しかも，日記を書くことが楽しくなります。

　世の中には「100の努力」という話があります。100の努力を続けると，ある一線を境にブレイクスルーが起こるという話です。一気に書けるようになるのです。先生が担任した6年生は，卒業式までがんばって300日連続日記を達成した子がたくさんいます。ぜひ，みんなもチャレンジしてみてください。

　こんな感じで話をする。これだけのことで，「よ～し！」と意欲を持たせることができる。

　軌道に乗れば，日記を書く事を誰も嫌がらない。むしろ，楽しんで書くようになる。

　続かせるのは大変である。毎日書かないといけないからである。しかし，これをやり切ると，子どもたちにはものすご

い自信と満足感が育つ。

　もちろん続かなくてもよい。途切れたら，「また今日から頑張ったらよいよ」と励ます。いつからでも取り組みを再開できる。

　ただ，返事は書かないといけない。毎日返事を書くのは大変なことではあるが，それはしていかないといけない。

　ところで私は，日記指導に取り組むにあたり，４月当初に必ず徹底することがある。

　次の３つのポイントである。

【ポイント１】

　とにかく「。」をつけたら行をかえる。これだけですっきりとし，グンと読みやすくなる。なお，行をかえたら必ず１マスあけることも徹底する。このことがしっかり習慣づけられたら，意味段落で行がえをするように切りかえていく。

【ポイント２】

　一文で一つのことを書かせる。やたらと「，」をうって，いろいろなことを長々と続ける文があるが，これは悪文である。できるだけ，一文には一つの事しか書かないようにする。

【ポイント３】

　これは高学年に限るが，書き出しはクライマックスから書

かせる。

「やった，赤組の優勝だ！」

「あ〜あ，雨か。遠足なのに……」

という感じで。

たったこれだけのことであるが，この３点を徹底すると，読みやすく，しかもすっきりとした躍動感のある文になる。

ただ，これを徹底するのには，少なくとも４月いっぱいはかかる。

書かせた日記には，普段は，返事と一緒に，その内容によって，ＡＡＡ（すばらしい）とかＡＡ（いいね）Ａ（まずまず）Ｂ（もう一息）Ｃ（もっと真剣に）Ｄ（やり直し）など評価をつけてやると喜ぶ。

この評価が飽きてくると，ＡＡＡＡとかＡＡＡＡＡなどとレベルアップをしていくと，またまたやる気を出していく。

さらに，その記号に点数をつけ，ＡＡＡ（３点）ＡＡ（２点）Ａ（１点）などルールを定め，点数を加算していくと，「やった300点！」というように，点数でやる気を出したりもする。

「今日使った漢字の数」を日記の最後に書かせる方法なども，効果的である。

「100日連続日記」は，学級集団のやる気を引き出す！間違いない！

漢字の定着にもビンゴを！
― とにかく「ビンゴ」は，楽しく力が付く！―

全学年　漢字

> 私は，ビンゴを教科指導によく活用する。色々と応用できる。ここでは，漢字ビンゴを紹介する。漢字ビンゴも準備が簡単な上に，楽しく力を付けることができる。

進め方

やり方は，九九ビンゴ（34頁参照）と同じである。

単元の漢字学習が終了した頃を見計らい，次頁の九マスの四角の中に，単元で学んだ漢字の中から9個の漢字を入れさせる。

その後，黒板に，ランダムに単元で学んだ漢字を書いていく。そして，マス中にその漢字があれば，○をつけていく。

○が一列そろったらビンゴである。

ビンゴはいくつ出ても構わないが，出すぎないようにするため，漢字を言うのは六つまでにしておく。

大興奮である。

これを単元が終わるごとに繰り返す。子どもたちは，この時間を楽しみに待つようになる。

やはり，アンコール必至である！

撲字ゲハロ

漢字の空書き
―待ったなし！ いきなり漢字の復習―

全学年 漢字

> 私は，漢字の復習に空書きを多用する。なぜなら，特別な準備が何もいらず，すぐに始められるからである。しかも，いつでもどこでも実行することができる。

進め方

　学年が上がるにつれて，漢字の習得率は下がる傾向にある。その一番の原因は，練習量の極端な不足である。
　そこで，毎日国語の時間の始めの５分間程度を既習漢字の復習の時間にあてる。遅れてくる子を待つ必要はない。何の前触れもなしに，いきなり空書きを始める。

> 　はい，右手をあげて！ 『お手紙』で学んだ漢字を書きます。
> 　まずは，「来」という漢字からです。さん，ハイッ！

　というように，いきなり３〜５個の漢字の空書きを始める。
　これは，家庭学習にも取り入れていただくとよい。家で，食事の合間に問題を出し，空書きをさせる。すぐにでき，しかも覚えているかがすぐに分かる。

ノートに練習させようとすると,鉛筆,下敷き,ノート等の全ての準備が必要となるために,ついつい敬遠しがちになる。

　なお,教室で行う時は,教師は,漢字を反対から書くことになるため,事前に書き方を確認しておかねばならない。

　なお,教師の空書きは,視線が安定するように,指ではなく平手で行うとよい。

23 国語授業に「ピックアップ指導法」を導入する！

全学年 全領域

　以前，在籍していた学校で，児童の集中力，ひいては表現力や思考力を高めるための取り組みを，数年にわたって実施したことがある。その指導法のいくつかを紹介する。

進め方

　当時，在籍していたその学校で，全国的な研究会を実施したことがある。その時に，『国語科を支える5領域，つまり「話す・書く・聞く・読む・読書」を徹底的に強化することにより，自己表現力・思考力を高めることができるであろう』という仮説を立てた。

　5領域（話す・書く・聞く・読む・読書）の中から一つの領域を，集中的に取り上げ，適切な教材と効果的な学習方法を駆使しながら指導していくこの手法のことを，当時，学校内で「取り立て指導」と呼んでいた。その指導は，『全校カリキュラム』と『各学年の取り立て指導関連表』に基づいて計画的に行われた。

　この指導法を取り入れると，授業における子どもたちの「集中力」が違う。その結果，先の5領域の力が飛躍的に高まり，それが「表現力」「思考力」など，より高次な学力へとつながっ

ていく。そして身に付いた「表現力」「思考力」は，国語科にとどまらず，各教科で生かされていくようになるのである。

　当時，この「取り立て指導」を学校の研究テーマとして取り上げ，そのねらいに迫る独自の教材を次々と開発していった。

　ところで，当時「取り立て指導」と呼んでいたこの指導法を，ある雑誌連載をきっかけに，私なりに整理し，「ピックアップ指導法」として再構築してみる試みを行った。

　ピックアップ指導法を簡単に言うと，「話す・書く・聞く・読む・読書」の中から，高めたい領域を計画的に取り上げて（ピックアップして），特別な教材と特別な指導法を用いて，特別に指導するという意味である。

　さて，そのピックアップ指導法であるが，大きく分けて二つの種類に分類している。

　一つ目は，１時間中，全ての時間を使って，高めたい力の育成に使う「トピック型」の指導である。つまり，一つの領域，一つの分野を１時間中，徹底的に指導するのである。

　二つ目のピックアップ指導法は，いついかなる時にも使える「日常型」の指導である。

　国語のみならず，それ以外の教科でも応用が可能である。鍛えたい力を絶えず訓練することができる。

　これらについては，次頁以降で，詳しく述べる。どれも，忙しい先生方が無理なく取り組めるものばかりである。

㉔ ピックアップ指導法「日常型指導」

全学年 全領域

「ピックアップ指導法」の日常型の指導を紹介する。日常型の指導は，特別な時間を取らなくても，いついかなる時にも活用できる簡単な指導法である。

進め方

今から述べる方法は，国語のみならず，それ以外の教科でも応用が可能である。鍛えたい力を絶えず訓練することができる。

1 「話す力」を高めるための日常型の指導例

(1)「写話（しゃわ）」の指導

簡単に言えば，話の内容を，そっくりそのまま再生させるだけである。

授業では，「それはよい意見です。○○君，今の話を写話してみて」というぐあいに発言の確認を行う。

話を聞いていないと答えることができないので，注意を喚起するための方法として習慣化する。同時に「聞く力」も高めることができる。

日常生活の様々な場面で，この写話を用い子どもを鍛える。

（2）「リレー積み木発言」の指導

　リレーしながら，意見を積み上げていくという方法で，話し合いの中身を高めることができる。

　第1発言者が「僕は……と思いますが，○○君はどうですか。」と指名する。第2発言者は「○○君の意見は……ですね。僕は……です。△△さんはどうですか。」とリレーしながら，意見を積み上げていく。

　これも，国語に限らず，様々な教科，様々な場面で有効である。慣れてくると，前発言を要約したり，まとめたり，否定したりする技能も身につく。

2　「書く力」を高めるための日常型の指導例

（1）「視写」の指導

　以前，慶應の付属中学の入試問題に，200字ぐらいの文が書いてあって，それをそのまま写すというのが何年来と続いていたそうだ。小学校1年生の「教科書をノートにうつしなさい」と同じで，たいした問題でないように思う。

　しかし，この課題を解決するには，集中力，持続力，文章表記力，漢字力などの学習能力の他に，丁寧さ，正確さなど，数多くの要素が必要となり，不思議なことに意外とできない子が多い。

　そこで，これらの力を付けるために授業にも「視写」を取り入れる。「教科書の○頁の□行目は大切です。ノートに視

写しなさい。」というようにそっくりそのまま転写させる。
教科の指導以外にも，連絡帳など色々な場面に活用できる。

（2）「日記」の指導

これについては，65 〜 68 頁に詳述したので省略する。

3 「聞く力」を高めるための日常型の指導例

（1）「聴写」の指導

まずは聞いたことを全部書いていくことから始めている。
連絡帳を書かせるときなどを活用し，毎日鍛えていく。

今から先生が，話すことをそっくりそのまま写しなさい。
きょうのしゅくだい
➡（きょうの　しゅくだい）
マルイチ　本よみ　カッコ　スイミー　カッコとじる
➡（①　本よみ「スイミー」）
マルニ　にっき　カッコ　みんなで　てん　あそんだこ
とカッコとじる
➡（②　にっき「みんなで，あそんだこと」）……

中学年になると聞いたことをメモしながら「聴写」する指
導へ発展させていく。

(2)「指折り数え聞き」の指導

話し手の話を指を折って確認しながら聞く方法である。

「今から先生は三つのお話をします。一つ目は……。二つ目は……。三つ目は……。」

話が終われば「今先生が話した一つ目の話はなんでしたか？」というように，子どもたちに話の内容を確認する。

これは，全校朝会や集会など，いつも行うように指導する。子どもたちが教室にもどったら，「校長先生は，いくつの話をされましたか？」というように確認するとよい。

この指導により，人の話を絶えず集中して聞こうとする態度が育つ。

4 「読む力」を高めるための日常型の指導例

(1)「口の体操」の指導

「読む力」ということでは，国語の授業のウォーミングアップとして，口の体操などが有効である。

前頭前野の血流がさかんになって脳が活性化する。東北大学の川島隆太先生は，「簡単な計算」や「音読」

は，脳を活性化させるということを証明している。

実演してみたいが，紙面ではちょっと無理である（笑）。

（2）「前置き表現読み」の指導

これについては，62頁に詳述したので省略する。

5　「読書の力」を高めるための日常型の指導例

（1）「親子読書ノート」の指導

「読書の力」を高めるため，当時は，「親子読書ノート」という実践を行った。

親子で同じ本を読み，対話を通して，読書習慣を身に付けさせようとする取り組みである。

これは，椋鳩十氏の「親と子の20分間読書運動」を発展させたもので，読書習慣を身に付けさせることはもとより，現在希薄になりつつある家族とのコミュニケーションを生み出すことをねらったものである。

まずは，毎日何頁かを子どもが親に読んで（音読），感じたことを親子読書ノートに書き留めていく。

親も同じ所を読み聞かせながら，子どもの感想に対話するように感想を返すというものである。

なお，親子読書ノートは，1週間に一度，担任が進み具合を把握し，

励ますようにした。

　これを実施するに当たっては，保護者の協力が何よりも必要である。

　開始当初はうまくいかないこともあったが，毎日数ページずつ読み進めていくうちに，子どもたちだけでなく，親も楽しみながら取り組むようになってきた。

　以上,「ピックアップ指導法」の日常型指導について述べた。「読書」以外は，いつでも，どこでも簡単にでき，しかも効果のあるものばかりである。ぜひ，お試しいただきたい。

㉕ ピックアップ指導法「トピック型指導」

[全学年 全領域]

次に「ピックアップ指導法」のトピック型の指導を紹介する。これは投げ込み型とも言っている。国語科を支える先の5領域（73頁）の内，一つの領域を45分の全てを使い，徹底的に指導する方法である。

進め方

こちらのタイプの指導法は，少々手間が必要な時もあるが，以下に紹介する授業は，絵本が1冊あればできる授業である。

まずは，「話す力」を高めるための「絵作話」という授業を紹介する。

1年生の国語教科書（光村）にあった最終教材「おはなしをかんがえよう」の指導に取り入れたピックアップ指導である。

「話す力」を高めるために，この授業では次の2点をねらいに定め教材化を行った。

○ 想像したことを，自分から進んで話す
○ 事がらを，順序よく話す

教材化したのは，『なんだこりゃたまご』（ジェラルド・ローズ作・ほるぷ出版）という絵本である。

81

簡単に説明すると，色々な動物が次々と現れて，一つの卵を割ろうとするのだが，なかなか割れない。そして，最後に……というお話である。

　ストーリー自体は単純明解で，しかもユーモラスなため，話し言葉による表現力を育てるのに適している。

　授業では，まず話型表をもとに自由に話を考えさせた。

　なぜ，話型表を用いるかというと，順序立てて話す活動を取り入れることにより，聞き手によく分かる話し方を身に付けさせるためである。最終的には話型表がなくても，自分でどんどん表現することができるようになっていく。

　まずは，色々な動物たちが，卵を割る場面を作話する。

《この絵を見てごらん。この鳥は何という鳥か，知ってる？》

　・こうのとり

《こうのとり君は，卵を見つけて，何か言っています。何と言っているのでしょう。》

　・なんだろう？

　・壊してみようかな？

　・食べちゃおう

《今から，みんなで，この卵と動物たちの楽しいお話を作ります。どんなお話ができるか，とっても楽しみです。それではお話を進めます。》

　（※２頁目を開ける）

《さて，かばくんは何をしているのでしょう。（　　）に言葉を入れてお話を作ってね。》

一つ目の話型表である。

（　　　　　　　）が（は），（　　　　　　　　　　　）。 （　　　　　　　　　　　　　　　）。 たまごは，（　　　　　　　　　　）。

・かば君が（は），大きな背中で押しつけています。

　ぎゅう，ぎゅういっています。

　たまごは，なかなかわれません。

（※以下，発表を続けさせる。）

《どんどん動物が出てくるよ。次は何の動物が出てくるかな。》

　以下，ライオン，チンパンジー，ぞう，さい，へび，しまうま，フラミンゴと続く。

《今から，自分が好きな絵を三つ選び，次のようなお話を作ります。》

二つ目の話型表である。

はじめに，（　　　　　　　　　　　）。 つぎに，（　　　　　　　　　　　）。

```
さいごに，（                    ）。
それでも，（                    ）。
```

・はじめに，ライオン君が，固い歯でかみつきました。
　つぎに，ぞう君が，重い体で踏みつけました。
　さいごに，へび君が，ながい体でしめつけました。
　それでも，卵はビクともしません。
（※以下，発表を続けさせる。）

《みんな卵のまわりに集まって何かお話をしています。さ
て，どんなお話をしているんでしょうね。（　　）に言葉を
入れて自由にお話を作ってごらんなさい。》
　三つ目の話型表である。

```
　みんなあきれてしまっているの。
だって，（      ）が（        ）ても（    ），
（          ）が（        ）ても（        ），
（    ）が（        ）ても（          ）。
だからみんなは，（              ）。
```

・みんなあきれてしまっているの。
　だって，大きなかば君が乗ってもわれないし，
　王様のライオン君がかんでもわれないし，

84

へび君がまきついてもわれないんだもの。

　だからみんなは，こまっているの。

（※以下，発表を続けさせる。）

　以下の展開は省略するが，このように，楽しみながら，話し言葉による表現力を鍛えていく。

　ところで，読者の皆さんは，この卵は何の卵だと思いますか？

　なお，トピック型指導には他に「課題語短作話」があるが，これについては，63頁で述べているので，そちらをご覧いただきたい。これは書く力を高める「トピック型」指導である。

　このように，トピック型指導とは，国語科を支える先の5領域の内，一つの領域を45分の全てを使い，徹底的に指導する方法である。

　本書で，紹介したこれらの「ピックアップ指導」は，平成4年の第41回全国僻地教育研究大会の公開授業や研究発表として公表し，大きな評価をいただいたものである。

　今の時代にも十分に通用する指導法である。「不易の指導」と言ってもよいであろう。

コラム 学級をワンダーランドに！

私の1年間の学級づくりは,「学級ワンダーランド計画」という一言に集約できる。

「ワンダーランド」とは,「不思議の国」「おとぎの国」といった意味である。

教室を不思議な空間, おとぎの空間にしよう！ というのが,「学級ワンダーランド計画」である。

若い時は, 授業に向けて勉強する事は必要である。学校の実務をこなす事も大切であろう。

でも, 若い時だからこそ, できる事もある。第三者から見ると少々"冒険的実践"を, 子どもたちのために具現化する熱い志と実行力を, 私たちは持たなくてはならないのではないか。

学校を意外性に満ちた楽しい場所にしたいと思う。子ども達が, こんなこともできるのかと思い, ワクワクしながら登校できるようなそんな場所にしたい, 教室が, 意味のあることばかり学ぶ場でなくて, それほど大切ではないことも, つまらないことも一緒に勉強できる, そんな不思議な場所になればと, いつも思っている。

※詳しくは, 拙著『「古川流」戦略的学級経営　学級ワンダーランド計画』（黎明書房）をお読みください。

第5章

どきどき社会編

　　社会科は課題づくりが全て。
　　子どもたち自身に「追究したい！」という
「はてな」を持たせることが重要なポイント！
ここでは，そんな課題づくりに役立ついくつ
かの方法を提案したい。

知的クイズで社会科の学習をスタートさせよう！ —この写真，どこ？—

第3学年 わが町・佐用町

3年生の社会科は，地域教材が中心になる。まずは，3年生の学習内容でもある地域の様子を取り上げた写真クイズからスタートする。

進め方

次の写真は町内にある佐用商店街の様子である。

下の写真の場所は，どこでしょうか？

オープンエンドにして，授業を終えると，子どもたちは自ら調べてくる。

　場所が確定できたら，さらに次のような「＋αのクイズ」を補足する。そうすることにより，追究が持続する。

> 　この商店街では，なぜ車が同じ側に止められているのでしょう。

　色々な追究が持続するが，分からなければ，最終的に次のような三択問題にするとよい。

> Ａ１　たまたま同じ側に止められていたため。
> Ａ２　車を止める時のルールが決められているため。
> Ａ３　反対側には，店が沢山あり止められないため。

　答えは，Ａ２である。

　この商店街には，駐車場が少ないため，路上に駐車してもよいというルールがある。

　ただし，どこにでも止めると交通の妨げとなるので，偶数日と奇数日で止めてもよい側が決められているのである。

　全国的に見ても，珍しいルールではなかろうか。

　写真を用意すればできる簡単な実践であるが，上記のように工夫するだけで，学習内容の核心に迫ることができる。

第５章●どきどき社会編

89

同じように，もう1問！

> この写真は，佐用町三日月の商店街のある場所を写したものです。さて，どこにあるでしょう。今からグループで見つけに行きましょう。

　すると,場所を見つけるだけでなく,スロープや点字ブロックの福祉設備に気づく子が出てくる。
　このような探検クイズを使うと，普段，何気なく見過ごしている福祉設備について，楽しみながら気づかせることができる。

　このように小学校初めての社会科は，楽しいクイズからスタートしてみてはいかがであろうか。
　きっと，社会科が好きになるに違いない！

地図の学習は、地図帳と親しむことから！

第4学年 地図と親しむ

4年生の社会科は、地図帳からスタートする。地図帳は、4年生の社会科にとって必須アイテムである。
楽しみながら使い方を教えよう。

進め方

地図帳は、教材（ネタ）の宝庫です。定期的に活用していきたいものです。学習の仕方も様々です。

有田和正氏は、地図の指導に地図記号から入ってはいけないと言われている。覚えることが目的になってしまい、面白くなくなるからだと言う。

そこで、始めは間違い探しクイズから入る。

楽しみながら地図帳と親しむことができる。

次に班対抗、間違い探しをします。
この日本地図（次頁の地図）には明らかに10個のおかしいところがあります。地図帳を見ておかしな所を探しなさい。

明らかに
おかしいところはどこですか
①松前半島（北海道）がない
②亀田半島（北海道）がない
③津軽半島（青森県）がない
④佐渡島（新潟県）の位置がおかしい
⑤房総半島（千葉県）がない
⑥能登半島（石川県）がない
⑦琵琶湖（滋賀県）がない
⑧淡路島（兵庫県）がない
⑨四国が２つに分かれている
⑩大隅半島（鹿児島県）がない

この学習課題で5年生の社会科をスタートさせよう！ ーとびっきりおいしいシーフードカレー作りー

第5学年 社会科 産業

5年生の社会科は，農業単元から始まる。とにかく，社会科が嫌いな子どもたちが増えてきている今，「社会科っておもしろい！」と思わせることが大切である。

進め方

『社会科発問づくりの上達法』（西尾一著，明治図書）の中に，次の学習課題が提示されている。

とびっきりおいしいカレーライスを作ろう。

私は，初めてこの学習課題を知ったとき，なんて楽しそうで，ウキウキする課題なんだろうと思った。授業の本筋をついている。さらに忙しい先生方でも無理なく取り組める内容である。

ただ実践に当たっては，西尾氏の課題をそのままを追試するのではなく，次のように修正した課題を提示することにした。

とびっきりおいしいシーフードカレーライスを作ろう。

とびっきりおいしいシーフードカレーを作るには，とびっきりおいしいお米や野菜が必要だし，また，とびっきりおいしい魚も必要になってくる。もちろん，とびっきりおいしい肉も必要である。

　これらを調べていくと，5年生の食糧生産の学習内容が，ほぼ完全にカバーできる。

　さらに，この課題は文献や資料が多く，また身近にお店などもあり，調べやすいため，子どもたちに追究心を起こさせるには，もってこいの課題である。

　しかも以下に述べるように，選択型・複線型の学習形態にもっていくこともできる。

　まずは，次の発問からスタートである。

> 　「とびっきりおいしいシーフードカレーライス」を作るために，まずしなければならないことは何ですか？

　当然材料を手に入れるということが出る。それも"とびっきり良い"材料を調達しなければならない。そこで続けます。

> 　それでは，シーフードカレーライスの材料とは，どのようなものがありますか？

カレー粉，肉などとともに，米，野菜（玉ねぎ，にんじん，じゃがいもなど），魚（イカ，タコなども含む）が当然のごとく出てくる。そこで，いよいよ次の指示で選択型へと持っていく。

> 　みんなが言ったように，とびっきりおいしいシーフードカレーを作ろうと思えば，とびっきりおいしい米や野菜，さらには魚が必要になってきます。もちろんとびっきりおいしい肉も必要です。
> 　それでは，とびっきりおいしい米とは，どのような米を言うのですか。また，とびっきりおいしい野菜や魚や肉とは，どのような野菜や魚や肉を言うのですか。
> 　それぞれ調べたいグループに分かれて，調べていくことにしましょう。

　この後，子どもたちは，各自の課題を選択し，その課題に基づいた調べ学習を展開する。

　これらを調べることを通して，産地（捕獲地）や生産（水揚げ）に必要な条件，種類，あるいはそれぞれが抱えている課題や問題点などにも追究が及ぶ（及ばなければ，教師が支援すればよい）。

　なお，５年生の第１単元であるため，調査技能はまだまだ未熟である。子どもたちの学習の過程で，それがしっかりと身に付くように配慮したい。

第5章 ● どきどき社会編

29 学習課題は，絵を描かせると出てくる！

第3学年以上 全領域

　3年生以上の理科や社会科の学習課題づくりに有効な方法がある。
　導入で絵を描かせるのである。

進め方

　例えば，次の頁のイラストをコピーして，「クワガタの絵の続きを描きなさい」という指示を与える。

　子どもたちは，「簡単！　簡単！」と言いながら描き始めるが，いざ描こうとすると，なかなか描けない。

　この導入により，「もちろん知っているよ」と思っていることを，「実は，何も分かっていない」という状態に導くことができる。"既知"を"未知"に変えるのである。

　これにより「本当の足は何本だろう？」「はねは，何枚かな？」「体はいくつに分かれているのだろう？」というハテナが次々とうまれ，簡単に学習課題をつくることができる。そしてその事により，以後の授業への関心意欲を高めることができる。

　他にも，「ありの絵を描きなさい」「パイナップルがなっている様子を絵に描きなさい」など，色々と応用ができる。

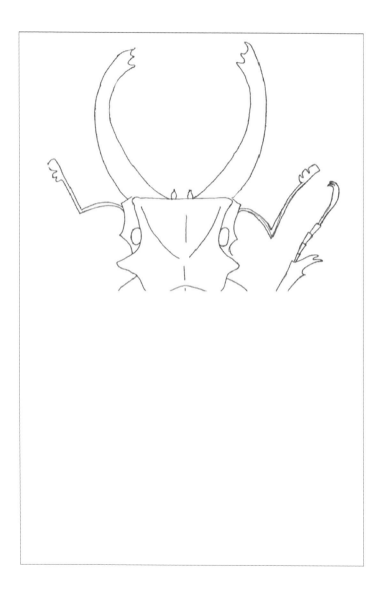

第5章●どきどき社会編

資料を見て、気づいた事・不思議な事を書かせる！

第3学年以上 全領域

> 3年生以上の社会科の学習課題づくりに有効な方法がある。資料（例えば、写真や資料）を見て、気づいた事・不思議な事をできるだけたくさん書かせる。

進め方

次の頁の写真を見せて、「気づいた事・不思議な事などを、できるだけたくさんノートに書きなさい。時間は○分です」と指示をする。

その後、ノートに書いたことを次々と発言させる。

この方法で、子どもたちを鍛え続けると、授業を構成していく重要課題（学習課題）がたくさん出るようになる。

次の頁の写真では、出入り口がたくさんあることに気づく子がいる。これなどは、重要な学習課題となる。

（写真は、兵庫にある江戸時代の民家である。江戸時代は、民家も身分によって出入り口が定められていた。

このことにより、江戸時代の身分制度の厳しさを学習することができる。）

第5章●どきどき社会編

著者紹介
古川光弘

昭和 37 年 6 月 8 日兵庫県生まれ
神戸大学教育学部初等教育学科卒業
現在，兵庫県佐用町立三河小学校教頭
（メール）furu1962@meg.winknet.ne.jp
（ＵＲＬ）https://blogs.yahoo.co.jp/na6sho3

　『子どもの心をどうつかむか』を生涯のテーマとし，日々の実践にあたる。
教職経験年数は 32 年目。
　これまで 30 年間の教室実践の足跡は，400 本を超える雑誌論文や著書・
共著などにまとめ発表している。

【著書】
・『子どもの心をどうつかむか』（1997 年）
・『1 年生の授業・10 分間パーツ教材で集中力を高める』（2003 年）
・『6 年生の学級経営・絶対成功する年間戦略』（2006 年）
・『学級づくり成功の原則　魔法のアイデア 50 選』（2013 年）（以上，明治図書）
・『「古川流」戦略的学級経営　学級ワンダーランド計画』（2016 年, 黎明書房）

※「教材・授業開発研究所」ＭＬを主宰する。
※サークルやまびこ所属

＊イラスト：伊東美貴

忙しい先生方が無理なく取り組める授業のアイディア 30

2018 年 3 月 25 日　初版発行

著　　者	古　川　光　弘	
発 行 者	武　馬　久 仁 裕	
印　　刷	株式会社　太 洋 社	
製　　本	株式会社　太 洋 社	

発 行 所　　　　　　株式会社　黎 明 書 房

〒 460-0002　名古屋市中区丸の内 3-6-27　EBS ビル　☎ 052-962-3045
　　　　　　　　　　FAX052-951-9065　振替・00880-1-59001
〒 101-0047　東京連絡所・千代田区内神田 1-4-9　松苗ビル 4 階
　　　　　　　　　　　　　　　　　　　　　　☎ 03-3268-3470

落丁本・乱丁本はお取替えします。　　　　　ISBN978-4-654-00372-3
©M.Furukawa 2018, Printed in Japan

「古川流」戦略的学級経営　学級ワンダーランド計画

古川光弘著　A5・124頁　1800円

学級を意外性に満ちた楽しい場にすることで，子どもたち同士の人間関係力と教師の学級掌握力を強化し，理想の学級を実現する戦略を詳述。全ての子どもがワクワクする学級ワンダーランド戦略の全て。

健一中村の絶対すべらない授業のネタ78

中村健一編著　教師サークル「ほっとタイム」協力　B6・97頁　1300円

教師のための携帯ブックス⑰　「しりとり川柳合戦」「お札は磁石にくっつくか」「地図記号神経衰弱」等，つまらない授業がたちまち楽しくなる，国語，算数，理科，社会の授業のネタと，いろいろな場面で役立つグッズを紹介。

デキる！　教師の1日

中村健一編著　教師サークル「ほっとタイム」協力　B6・102頁　1300円

教師のための携帯ブックス⑱　どうしたら仕事のデキる教師になれるのか？仕事のデキる教師の1日に沿って，仕事の効率を上げる方法をリアルに紹介。仕事の効率を上げると，学級づくりもうまくいき，教室は笑顔！

ホメる！　教師の1日

中村健一編著　河内教員サークルSOYA協力　B6・101頁　1300円

教師のための携帯ブックス⑲　教師の一番の仕事は，ホメること。朝の会から帰りの会・放課後まで，事あるごとにホメまくり，子どもたちを，クラスを，授業をどんどん素晴らしくしていく78のネタを紹介。

笑う！　教師の1日

中村健一とゆかいな仲間たち著　B6・96頁　1300円

教師のための携帯ブックス⑳　朝イチから帰りまで，授業中もちょっとした隙間時間や休み時間も，給食や掃除の時間にも笑う，子どもたちも教師も笑顔になる77のネタ！　笑いのある教室にすることは学級崩壊の予防にもなります。

もっと笑う！　教師の2日目

中村健一とゆかいな仲間たち著　B6・98頁　1300円

教師のための携帯ブックス㉑　教師が上の階から子どもたちに行う「天使のあいさつ」，掃除の時間に，子どもの耳元でささやく「デビル○○のささやき」など，朝から帰りまで1日中笑えるネタ80。笑顔のある学級は崩壊しません。

表示価格は本体価格です。別途消費税がかかります。

■ホームページでは，新刊案内など，小社刊行物の詳細な情報を提供しております。「総合目録」もダウンロードできます。　http://www.reimei-shobo.com/

今どきの1年生まるごと引き受けます

入門期からの学級づくり，授業，保護者対応，これ1冊でOK

多賀一郎著　Ａ５・144頁　1800円

1年生の担任を何度も経験した著者が，1年生やその保護者への関わり方をていねいに紹介。子どもの受け止め方や授業の進め方，学級づくりや学級通信・保護者会の工夫の仕方など，1年間使える手引き書です。

気づいたら「うまくいっている！」目からウロコの学級経営

山田洋一著　Ａ５・143頁　1800円

目からウロコの学級経営を，自分のキャラクターを知る等の「心構え」・一人ひとりとつながる学級びらきする等の「指導術」・「あとほめ」をする等の「リアクション術」・話す前に聞き方を指摘する等の「対話指導術」に分けて紹介。

気づいたら「忙しい」と言わなくなる教師のまるごと仕事術

山田洋一著　Ａ５・144頁　1800円

多忙を極める教師のために「時間管理」「即断」「環境」「人間力向上」「道具」「研鑽」「思考」について、今すぐにでも実践したい数々の技術・心構えを詳述。忙しさから解放され、仕事も充実！

ワークシート付き かしこい子に育てる新聞を使った授業プラン30+ 学習ゲーム7

蔵満逸司著　Ｂ５・86頁　1800円

「新聞のグラフを読み取ろう」「スポーツ記事を書いてみよう」など，新聞を使った小学校の各教科の授業プランと、「新聞たほいや」などの学習ゲームを収録。アクティブ・ラーニングの教材としても最適。

教師のための iPhone & iPad 超かんたん活用術

蔵満逸司著　Ｂ５・86頁　オールカラー　2300円

iPhoneやiPadを，授業や普段の教師生活等に活かせる超かんたん活用術を紹介。電子機器の苦手な人も，操作や基本の用語の丁寧な解説ですぐに授業に取り入れられます。授業や特別支援教育に役立つアプリの情報も。教師必読の書！

CD-ROM付き 授業や学級経営に活かせるフラッシュカードの作り方・使い方

中條佳記著　Ｂ５・65頁　2300円

国語・算数・理科・社会や，給食指導などで子どもたちが楽しみながら基礎的な知識を習得できるフラッシュカードの作り方・使い方を紹介。CD-ROMには印刷してすぐ使えるカード約1300枚を収録。

表示価格は本体価格です。別途消費税がかかります。